R.. Exposition de Photographie
ARTISTIQUE 1899
13, rue St François-de-Paule
NICE
Prix: 50 cts

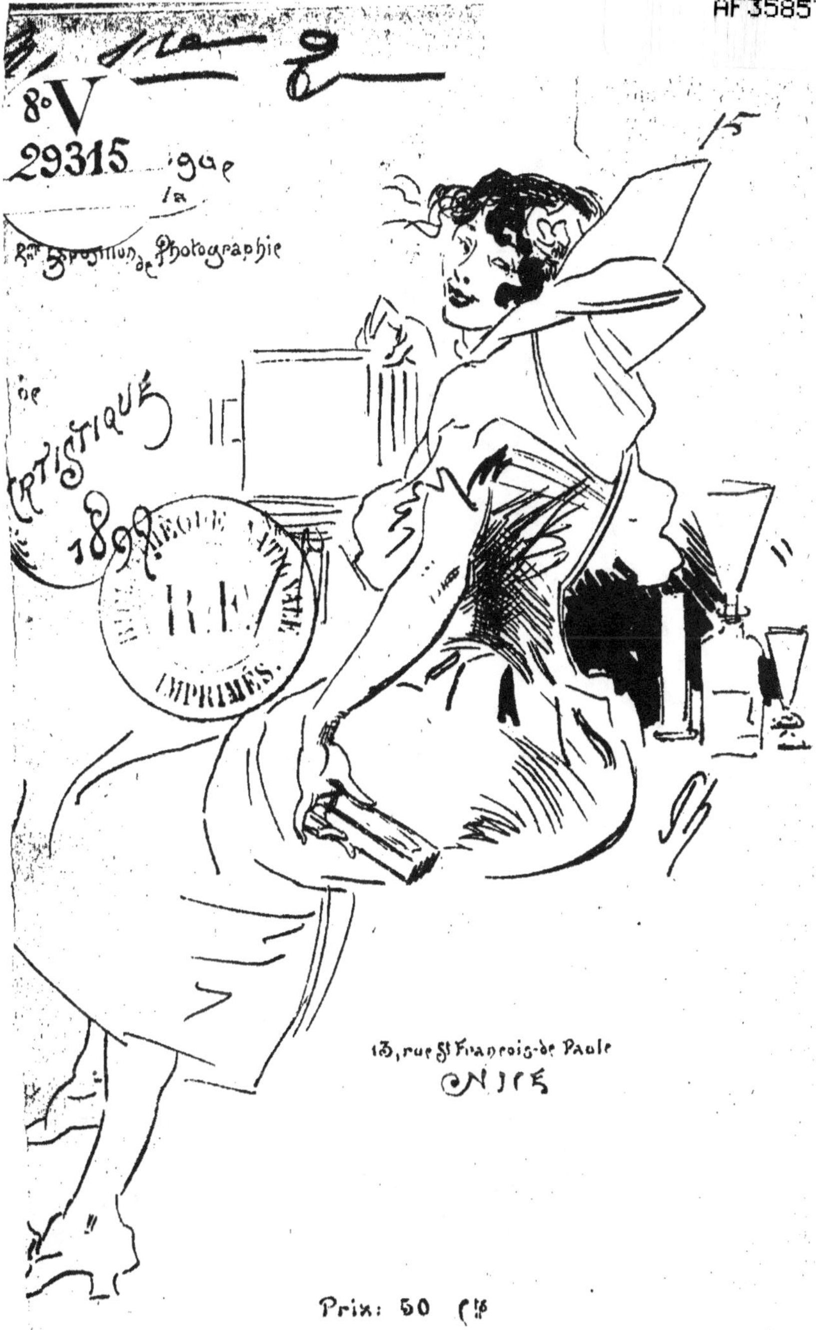

CATALOGUE

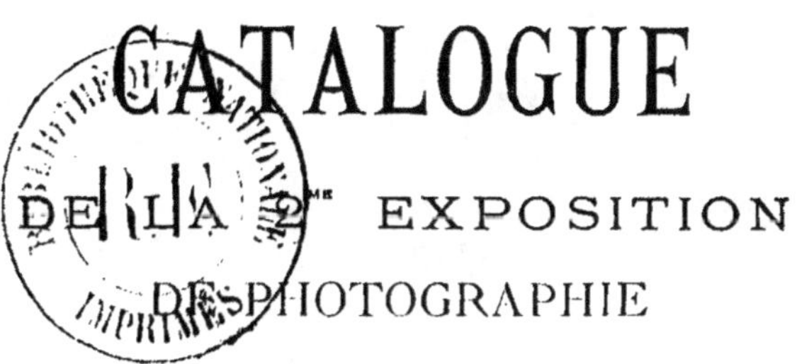

DE LA 2ᵐᵉ EXPOSITION

DE PHOTOGRAPHIE

DE

L'ARTISTIQUE

Mars 1899

DU 3 AU 15 MARS 1899

13, Rue Saint-François-de-Paule

NICE

Avis

Nous prévenons tous les photographes amateurs, en résidence ou de passage à Nice, qu'un laboratoire de photographie avec eau, gaz, lumière rouge du jour et du soir, est à leur disposition dans les locaux de l'Artistique, 13, rue Saint-François-de-Paule.

Les conditions d'admission à ce laboratoire sont affichées au Secrétariat de l'Artistique.

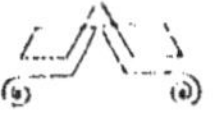

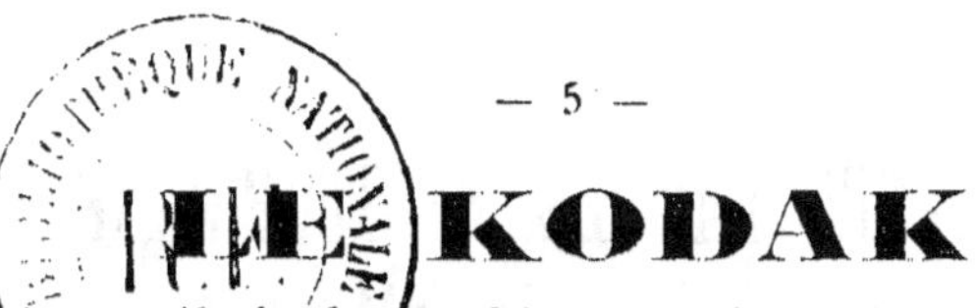

LE KODAK

Appareil phothographique aussi pratique pour le débutant que pour l'expert.

FOURNITURES GÉNÉRALES POUR LA PHOTOGRAPHIE

APPAREILS EN TOUS GENRES

Développement, Tirage, Retouche
Agrandissements

Maison L. DUMAS — NICE

34, Avenue de la Gare

PAUL DECOURCELLE

Éditeur de Musique

NICE — 29, AVENUE DE LA GARE, 29 — NICE

Musique française et étrangère

PIANOS

Demander le *Catalogue thématique* qui contient la première page de chaque morceau et la *Chronique musicale trimestrielle*, qui publie la liste des nouveautés musicales.

Ces deux publications sont envoyées gratis et franco.

FOURNITURES GÉNÉRALES POUR LA PHOTOGRAPHIE

Maison la mieux assortie du Littoral

PHARMACIE ANGLO-FRANÇAISE

7, Rue Masséna, NICE

J. BLANC

Pharmacien-Chimiste de l'École supérieure de Montpellier

PLAQUES :	de toutes dimensions	PAPIERS :
LUMIÈRE **GUILLEMINOT** **PERRON** **Sᵀ-CLAIR** **LIÉBER** GRAFFE ET JOUGLA		LUMIÈRE, CITRATE MAT, BRILLANT BROMURE A. B. C. PAPIER AU PLATINE PAPIER AU GÉLATINO BROMURE SOLIO, EASTMAN'S

Développateur supérieur
à 1 fr. le flacon

VIRO-FIXATEUR

PRODUITS PHOTOCHIMIQUES
*des premières maisons de Paris
et de Lyon*

CHASSIS, CUVETTES, ETC.

LAMPES A MAGNÉSIUM

Lanternes de voyage
et de laboratoire

PIEDS DE CAMPAGNE

Cartons toutes dimensions

CHAMBRES NOIRES à la disposition de MM. les Amateurs.

Développement — Tirage des Epreuves

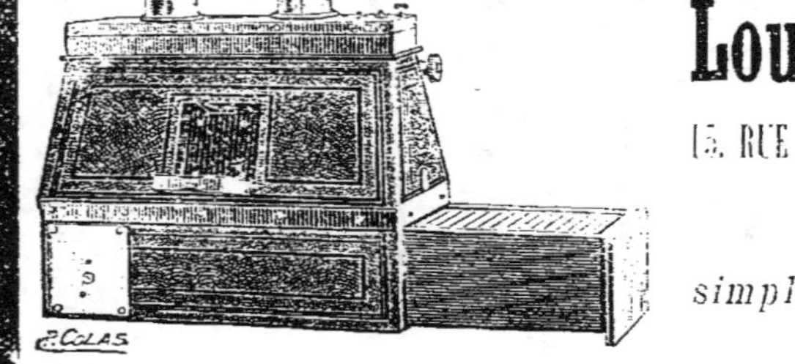
P. COLAS

AU PAYS BLEU

Alpes-Maritimes

PAR

HENRI MORIS

Un volume grand in-4° raisin, avec couverture illustrée d'une aquarelle de David Dellepiane, et de 400 gravures en phototypie d'après nature, dans le texte et hors texte.

Préface d'ANDRÉ THEURIET
de l'Académie Française

En Souscription : 40 francs.

Il sera tiré 150 exemplaires de luxe, numérotés de 1 à 150.

Nos 1 à 50. — Exemplaire d'amateur sur papier des manufactures impériales du Japon .   150 fr.

Nos 51 à 150.— Exemplaire sur papier de luxe . . . .   80 fr.

Les souscriptions devront être adressées **avant le 1er Mai 1899,** à M. Henri MORIS, *archiviste des Alpes-Maritimes, 20, Boulevard Dubouchage,* Nice.

CATALOGUE

DE LA 2ᵐᵉ EXPOSITION

DE PHOTOGRAPHIE

DE

L'ARTISTIQUE

Mars 1899

DU 3 AU 15 MARS 1899

13, Rue Saint-François-de-Paule

NICE

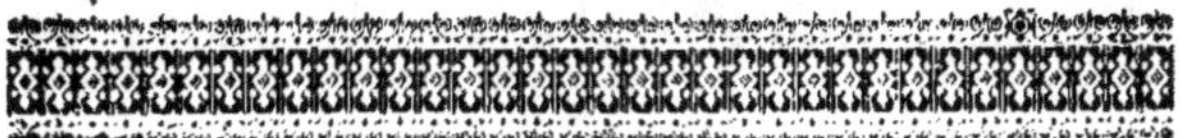

La Photographie

Fille de la Lumière et sœur de la Peinture
C'est la Muse moderne aux yeux subtils et clairs
Où, comme en un miroir, la multiple Nature
Se mire tout entière en ses aspects divers.

Sous ce regard aigu, prompt, lucide, implacable,
Du brin d'herbe ténu, jusqu'à l'arbre géant,
De la montagne énorme à l'atòme impalpable,
L'Univers se prolonge et survit à l'Instant.

Docile aux volontés savantes de l'artiste,
De par le philtre incantatoire du chimiste,
La Muse aux yeux subtils aussitôt apparaît :

Et l'ombre et la lueur, colombes fugitives
Entre ses prestes doigts soudainement captives
Eternisent leurs jeux et livrent leur secret.

ALFRED MORTIER.

Règlement de l'Exposition

Art. I — L'Exposition de Photographie ouverte par l'Artistique Club de Nice, dans ses salons, rue Saint-François-de-Paule, est organisée dans un but essentiellement artistique, et seuls les amateurs sont admis à y prendre part.

Art. II. — Ne pourront y figurer que les œuvres qui, en dehors d'une bonne exécution technique, présenteront un réel caractère artistique par le choix du sujet, son éclairage ou la composition du tableau. (Paysages, scènes de genres études, etc).

Art. III. — Un Jury d'admission composé de personnalités appartenant aux diverses branches de l'art, examinera les envois et choisira ceux qui lui sembleront dignes de figurer à l'Exposition.

Ses décisions seront sans appel.

Art. IV. — Ne seront admises que les épreuves montées sur carton, encadrées ou non (à part les épreuves à voir par transparence).

Chaque épreuve devra porter au verso le nom de son auteur et le titre du sujet, d'une manière lisible pour éviter les erreurs.

Art. V. — Les emplacements sont donnés gratuitement ; les exposants n'auront à supporter que les frais d'expédition et de retour de leurs envois, qui devront parvenir au siège de " l'Artistique Club, " 13, rue Saint-François-de-Paule, à Nice, au plus tard le 15 Février 1899, délai de rigueur.

La réexpédition sera faite avec grande exactitude dans les quinze jours qui suivront la clôture de l'Exposition.

Aucun tableau ne pourra être retiré avant la fermeture.

Art. VI. — Les soins les plus attentifs seront donnés au groupement des épreuves d'un même artiste; toutes mesures et précautions seront prises pour éviter les risques de détérioration, mais le Club ne peut assumer de responsabilité en cas d'incendie ou d'accident de transport.

Art. VII. — Il n'y aura pas de récompenses. Chaque exposant recevra un diplôme artistique, gravé à son nom.

Art. VIII. — Une carte personnelle sera délivrée à chacun des exposants ainsi que des cartes d'invitation nominatives.

Il lui sera aussi remis un catalogue complet des œuvres exposées.

Certains jours désignés par le Comité, l'Exposition sera ouverte au public.

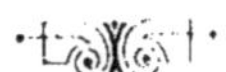

La Commission chargée de l'exposition de Photographie de 1899 se composent des membres de l'Artistique dont les noms suivent :

M. BELLIVET, Président.
M. DESMOUCEAUX DE GIVRAY, Secrétaire.
MM.   BROSSÉ.
      BURG.
      CLÉRISSY.
      DUDITLIEU.
      FREYDIER.
      FOMBERTEAUX.
      GRIMALDI.
      MERCADÉ.
      SALVI
      SCHWARZ.

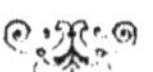

Jury d'Admission

Président d'Honneur. M. Maurice BUCQUET, président
    du Photo-Club de Paris.
MM.   Le Chevalier V. de CESSOLE.
    CHÉRET, artiste-peintre.
    DESBOUTINS, artiste-peintre.
    H. CLEAVES DODGE.
    C. d'ESTAINVILLE.
    FRANZINI D'ISSONCOURT, artiste-peintre.
    GAMBA DE PREYDOUR, artiste-peintre.
Mlle HENDERSON.
MM.   C. LE MAIRE.
    Le Marquis MASSENGY D'AUZAC.
    Le Marquis de MONLÉON.
    Le Vicomte de ROCHE-MONTEIX.
    ROSSIGNEUX (Jean de Malguénac).
    Le Colonel du TERRAIL.
    VANBUTSELE, Société Photographique de Lille
    ZIEM, artiste-peintre.

Abréviations

Les renseignements fournis par les exposants sur les procédés d'impression employés sont indiqués par les abréviations suivantes :

A.   Agrandissement.
Al.   Papier albuminé.
Br.   Papier au gélatino-bromure d'argent.
Ch.   Papier au charbon.
Ch. V.   Papier velours Artigues.
G. B.   Procédé à la gomme.
D.   Épreuve directe.
E.   Émail.
Pl.   Papier au platine.
Pl. D. M.   papier au platine sepia.
S.   Papier salé.

Indication des Sociétés auxquelles appartiennent les Exposants :

A. B. DE PH.   Association Belge de Photographie.
A. N. P. A.   Association nationale des Photographes Amateurs de France.
C. C. V.   Camera-Club de Vienne.
C. P. P.   Club Photographique de Plzen (Bohème).
P. C. P.   Photo-Club de Paris.
S. P. D.   Société photographique de Davos.
S. C. P.   Société Caennaise de Photographie.
S. L. P. S.   South London Photographic Society.
S. P. L.   Société Photographique de Lille.
S. F. P.   Société Française de Photographie.

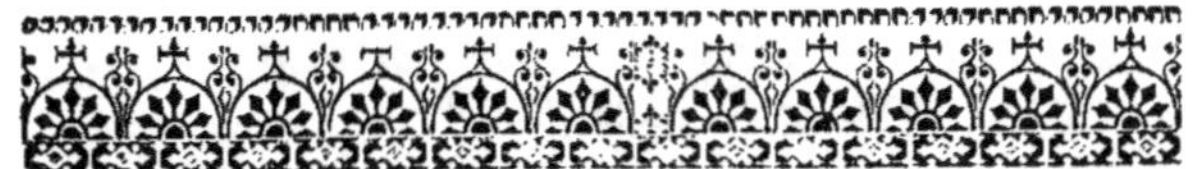

CATALOGUE

AILLAUD (Emile) A. N. P. A.

Saint-Jean-le-Vieux (Ain).

1 Gorges de la Vésubie. A. Br.
2 Vieux pont sur l'Avre. A. Br.
3 Cascade du pont de la Broue. A. Br.
4 Vue de Lucéram. A. Br.
5 Bassin du Jardin zoologique. A. Br.
6 Cascade de Chadoulin. A. Br.
7 Port de Menton. A. Br.
8 Les Canards au ruisseau. A. Br.
9 Meithorn, glacier du Mont-Rose.
10 Lac d'Auterne, Savoie.
11 Le Mont-Niel, Savoie.
12 Remous et Récifs, Nice.

AKAOUI (Elie et Georges).

Jounich près Beyrouth.

13 Intérieur d'une famille du Liban. D.
14   »   »   »
15 Intérieur de la Pharmacie française à Jounich. D.

~~ AUZAC (Marquis Massengy d')

2, Boulevard de Cimiez, Nice.

16 Château de Bazouges-sur-Loir. A. Br.
17 Entrevaux (Alpes-Maritimes). A. Br.
18 Entrevaux » A. Br.

~~ AYLING (Joseph King) S. L. P. S.

27 Addington square Camberwell, Londres.

19 Porte du Prieuré, Cathédrale d'Ely (Angle-
terre). P. L.
20 Lubeck (Allemagne). Pl.

~~ BASTO (Joaquim).

80, rue du Bolhão Porto (Portugal).

21 L'Ermite. Al. D.
22 La Favorite. Al D.
23 L'Alchimiste. Ai. D.
24 Vieux Moulin à Vizille. Al. D.

~~ BELLIVET (Georges).

53, Boulevard Gambetta, Nice.

25 Sous Bois à Ville d'Avray. A. Br.
26 Etude de contre-jour. A. Br.
27 Etude d'arbres. A. Br. Dm.
28 Mon chien Tzar. A. Br.
29 Mlle May D..D. A. Br.
30 Sous Bois, parc de Saint Cloud. A. Br.

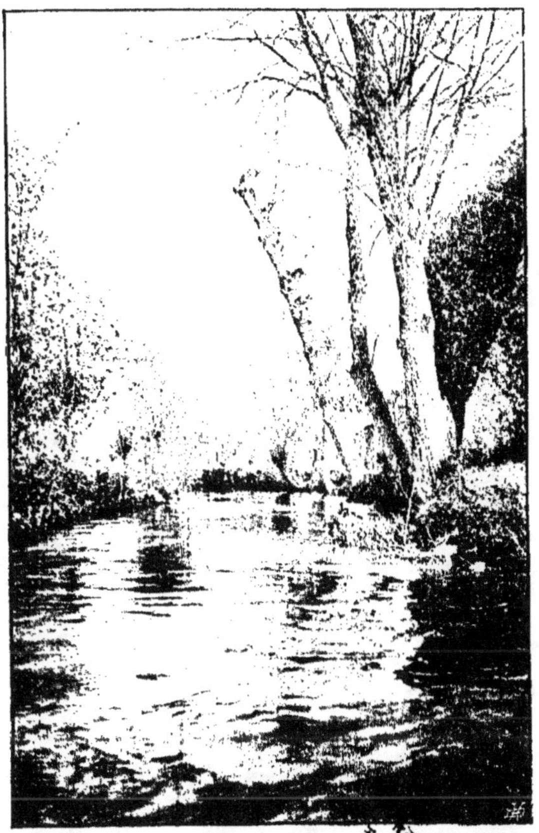

Mme Bucquet

BERGON (Paul) P. C. P. S. F. P.

40, Boulevard Haussmann, Paris.

31 Recueillement.
32 Etude.
33 Etude.
34 Etude de plein air.
35 Joyeux appel.

BERNARD (Fernand).

3, rue Pizay, Lyon.

42 Coin de village, Laveuses à Meiringen, Suisse.
   D. Pl.
43 Sous bois, bois de l'Etoile, Lyon. D. Pl.
44 Pont de Tassin, près Lyon. D.Pl.
45 Gorge de l'Alpbach Meiringen, Suisse. D. Pl.

BERTEAUX (Georges) P. C. P. S. F. P.

75, avenue du Roule, Neuilly-sur-Seine.

46 Portrait.

BINDER MESTRO (Madame) P. C. P.

7, rue d'Artois, Paris.

47 Tête d'étude. D. Ch.
48 Allaitement maternel. D. Ch.
49 Un ange. D.
50 Chanteur Florentin. D. Ch.
51 Effet de contre-jour. D. Ch.
52 Une bonne histoire. D. Ch.
53 Au tableau. D. Pl.

～ **BONNETAUD (Maurice).**

121, avenue Parmentier, Paris.

54 Sur la côte bretonne. A. Gl.
55 A l'Abreuvoir. A. Gl.
56 Hameau breton. A. Gl.
57 Coucher de soleil à Paris. A. Br.
58 Lever de soleil à Paris. A. Br.
59 Orage menaçant. D. Ch. V.
60 Au déclin du jour. D. Ch. V.
61 Avant l'averse. A. Br.
62 Effet de soleil à Pornichet. A. Br.
63 Au pont du Châtelet. A. Br.
64 La plage. A. Br.

～ **BUCQUET (Mademoiselle A.)**

12, rue Paul Baudry, Paris.

65 Pâturages. A. Ch.

～ **BUCQUET (Maurice)** P. C. P. S. F. P.

66 En attendant la soupe.
67 Le Gué.
68 La Forge.
69 Avant l'orage.
70 Bord de l'Orge.

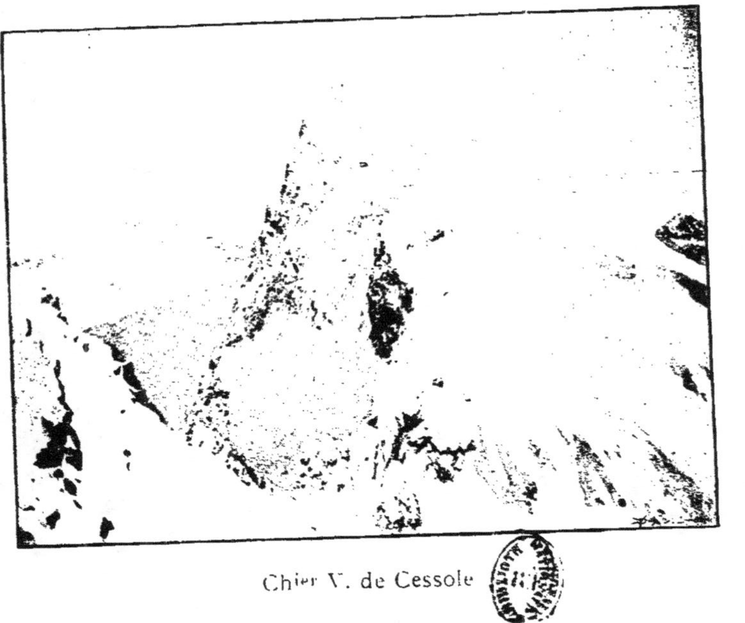

Chier V. de Cessole

CHALIER Fils.

Place Mozart, Nice.

71 Lac d'Annecy.
72 La Fenaison.

CESSOLE (Chevalier V. de).

Boul. Gambetta prolongé, St-Barthélemy, Nice

73 Glacier et cime de la Maledia (3051 m.) A.
74 Dans le massif de l'Argentera. A.
75 Arête de Peirabroc.
76 Mont Clapier (3038ᵐ) de la cime de Peirabroc. A
77 Mont Clapier (3038ᵐ) versant Est,
78 Madone de Fenestre (1886ᵐ) en hiver. A.
79 Cime des Gelas (3135ᵐ) versant Est. A.
80 Crevasses du Glacier des Gelas (Alpes-Marit.) A.

COSTE (Ferdinand) P. C, P.

Lacanche, par Arnay-le-Duc (Côte-d'Or).

81 Paysage. Ch. V.
82   »   »
83 Limier au trait. Ch. V.
84 Matinée d'avril. Ch. V.
85 Une alerte. Ch. V.

DARDONVILLE (Louis) P. C. P.

8, Boulevard Magenta, Paris.

86 Un coup de collier. A. Br.

‿‿ DARMET (Eugène).

25 strada Leapusmann Iassy (Roumanie).

87 Tzigane, diseuse de bonne aventure.
88 Pont sur la Dobra à Slamic, Maldova.

‿‿ DARNIS (Achille) P. C. P.

4, rue Marbeuf, Paris.

89 Au Quartier.

‿‿ DEPRET (Camille).

15, rue Pertinax Nice.

90 Joueurs de Boules. A. Br.
91 Deux gendarmes. A, Br.
92 Taureau. A. Br.

‿‿ DESMONCEAUX DE GIVRAY (Max).

villa Soleil, avenue Thiers.

93 Le halage fleuri. Al. D.

‿‿ DROUILLET (Arthur).

35, rue Stephenson, Paris.

94 Bois de Boulogne, grand lac. D.
95 Parc Monceau, volière. D.
96 Rue des Saulles, Montmartre. D.
97 Ruines du Château de Saint-Cloud. D.
98 Saint Maur les Fossés. D.
99 Bois de Boulogne, cascade. D.
100 Aulnay-lès-Bondy. D.
101 Ile Saint-Denis, torpilleur.
102 Parc Monceau (porte rustique). D.

G. Bellivet

⌇ DUDITLIEU (Jacques).

Rue Foncet, Nice.

103 Vues de l'Exposition de Phot. de l'Artistiq' 98. D.
103   »   »   »
103   »   »   »
103   »   »   »
103   »   »   »
103   »   »   »

⌇ DUPONT (Albert) A. N. P. A.

Saint-Mont par Riscle (Gers).

104 Un Jeune élève. D.
105 Chez le Maréchal. D.

⌇ DURILI (Hilaire).

Constantine.

106 Moulin des environs de Constantine. D.
107 Constantine reflétée dans le Rhumel. D.
108 Paysage des environs de Constantine. D.
109 Groupe d'enfants indigènes de Constantine. D.
110 Jeunes Mauresques des environs de Cons'. D.

⌇ D'ESTAINVILLE (Charles).

19 bis, avenue de la Grande-Armée, Paris.

111 *Bona*, régates de Nice 98.
112 Un étang au bois de Boulogne.
113 Portrait costume de l'an II.
114 Portrait   »

FENSTERER (G. F, W.) S. P. D.

Davos (Suisse).

117 Lac de Davos. Gb. Nég.
118 Maison de paysans dans les Grisons. Gb.
119 Lecture intéressante. Ch.
120 A l'Abreuvoir. Ch.
121 Lac de Zurich. Ch.

FRAY (Lucien).

62, rue de Turenne, Paris.

122 Bœufs au labour. Pl. D.
123 Quais de Bordeaux. D.
124 Bords de la Marne. D.
125 Fontaine Médicis. Luxembourg, Paris. D.
126 Paysage.

FRAYSSE (Joseph).

Villa Beau-Site, Carabacel, Nice.

127 St-Pol de Nozières (Cantal). D.

GASPAR (Charles) A. B. de P.

8, rue de l'Hôtel-de-Ville, Arlon (Belgique).

128 Le Calvaire. D.
129 Forêt en hiver. D.
130 Pavots. projet décoratif. D.
131   »   »

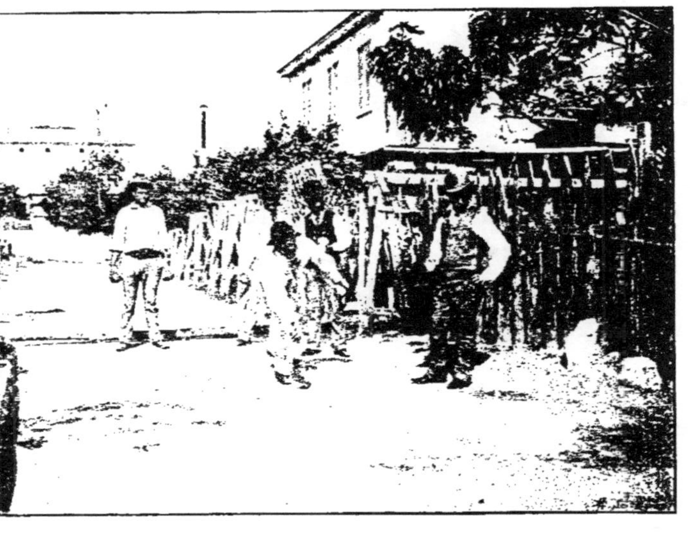

C. Depret

ᵐᵛ GAUTREAU (Albert).

Dourdan (S.-et-O.)

132 Lavoir sur les bords de la Remarde. D.
133 Bords d'étang. D.

ᵐᵛ GAUVRY (Jules-Alexandre).

rue Ste-Saloine, Saintes (Charente-Inf.)

134 La Marre de la Gorre (dégel). D.

ᵐᵛ GRAPIN (Eugène).

44, rue d'Amsterdam. Paris.

135 Mantes la jolie, la Cathédrale. A. Br.
136 Bords de la Seine à Paris. A. Br.
137 La Marne, effet de brume. A. Br.
138 Boulogne-sur-Mer. temps pluvieux. A. Br.

ᵐᵛ A. GUITTON (Eugène).

rue de Lausanne, 49, Genève (Suisse)

139 En Provence. Ch. V.
140 Je crois que ça mord. Ch. V.
141 Le Pont de la Roquette. (B.-du-Rh.) Ch. V.

⌇⌇ **HELM (Fried).** C. P. P.

Plzen (Bohême).

142 Scène de genre. Plzen. D.
143 Sur le bateau. Plzen. D.
144 Bodenback Festchen. D.
145 Hrensko. (Bohême). D.
146 La Maison de Famille. Plzen. D.
147 Type de Plzen. D.

⌇⌇ **HENDERSON (Mademoiselle A.).**

10, place du Temple Anglican (Nice).

148 Groupe en Kabylie. A.
149 Les Bohémiens. A.
150 A la Foire de St-Jacques (Belgique). A.
151 Revenant du Marché de Kervate (Algérie) A.
152 Vues d'Algérie. D.

⌇⌇ **KOTEK (F. J.).** C. P. P.

Plzen (Bohème).

153 Fête populaire à Plzen (Bohême). D.
154 » » » D.
154 bis, Sakol » » D.
155 Mlada Boleslar » » D.
156 Nordeney » » D.
157 Scène de genre » » D.
158 Types à Plzen » » D.

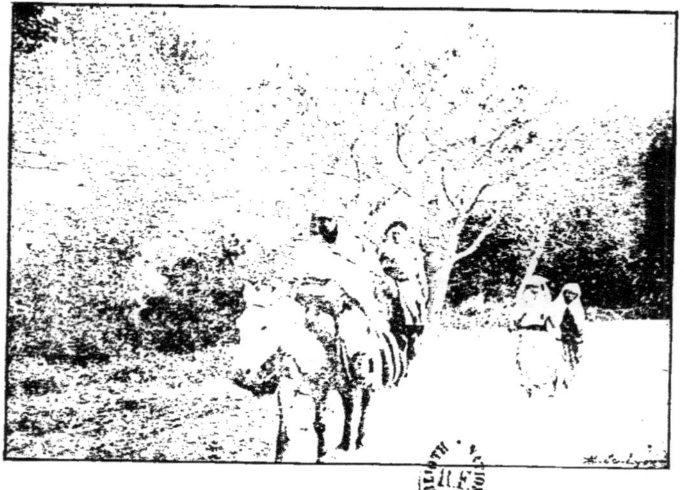

Mlle A. Henderson

KLEISS (Henri). C P. P.

Plzen (Bohême)

159 Monument de F. Smetana à Plzen.
160 Sur la digue de l'Ètang de pierre a Plzen.
161 Jardin à Liblin.
162 L'église de St-Jacob à Nepomuk.
163 Klaster près Nepomuk.
164 Quelques Membres du Phot. amat. Club à
   Plzen. Pl.
165 Lac du Diable à Sumava (Bohême).
166 Le club des " Nimrodes " à la brasserie
   Knoblosh
167 Jean Huss devant le concile de Constance. Pl.
168 Moulin Rouge à Eggenthal, Tyrol.
169 Tunnel sur la route à Eggenthal, Tyrol
170 Château Sigmondskron sur l'Adige, Tyrol.
171 Sarnthal. Tyrol.
172 Après une inondation à Sarnthal, Tyrol,
173 Le père Antoine, aubergiste à Sarnerzoll. Tyrol
174 Premier tunnel de la " Via Ponale " près de
   Rive, Tyrol.
175 Second tunnel de la " Via Ponale " près de
   Rive. Tyrol.

KLEISS (Iarosla). C. P. P.

Plzen (Bohême).

176 Portrait.
177 Intérieur.
178 L'enterrement d'un forçat, Bohême.
179 Bois de Sapins à Padrt, Bohême.
180 En Gondole, Venise.

⁓ LAGUARDE (Mademoiselle C.)

Villa Blachet (Aix-en-Provence).

181 Paysages. Aix-en-Provence.
182   id.   id.
183   id.   id.
184   Id.   id.
185   id.   id.
186   id.   id.
187   id.   id.
188   id.   id.

⁓ LAMB (Ernest H.). S. L. P. S.

25, Addington square, Camberwell (Londres)

189 Bois en automne. Pl.

⁓ LANES (Edouard).

62, rue de Ségur, Bordeaux.

190 Pouliche Lili, paysage de Lot-et-Garonne. D.
191 Petite-fille en cabidouchonne (marchande
    de poissons). D.
192 Paysage, Vayres (Gironde). D.

⁓ LE BÈGUE (Rene).

51, rue Le Peletier, Paris.

193 Sœurs.
194 Été.
195 Calypso
196 La brise.

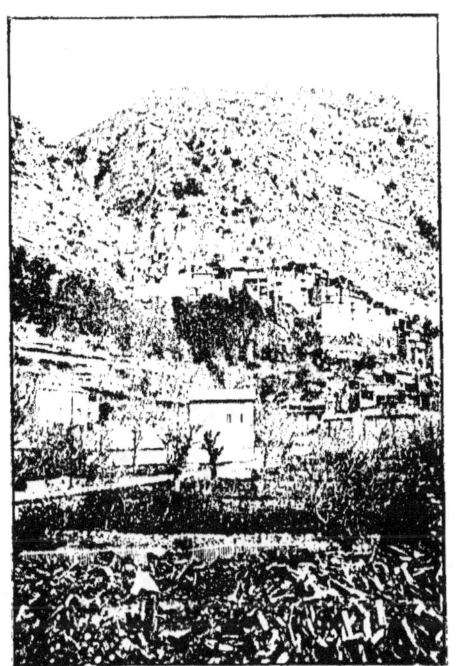

Mlle M. d'Auzac

LEHNERT (Mademoiselle H.).

52, Steglitzerstrasse, Berlin, W 35.

197 La maison du Pauvre. D. Pl.
198 A la campagne. D. Pl.
199 Décembre. D. Pl.
200 L'ornière. D. Pl.
201 Roses blanches. D. Pl.
202 Champ de pavots blancs. D. Pl.

LE MAIRE (Charles).

15, boulevard Carabacel, Nice.

203 Animaux. D. Ch. V.
204 Extérieurs et intérieurs. D. Ch. V.
205 Dans le HautValais. A. Br.

LE ROUX (Paul). P. C. P.

40, boulevard Malesherbes, Paris.

206 Enterrement à Venise.
207 Régates en Vendée.
208 Attelage. environs de Grenoble.
209 Sur le Paillon. Nice.
210 Entrée du port. Nice.

MONLÉON (Marquis de).

rue Bréa, Monaco.

211 Fileuse de la Commenda.
212 Procession de la Fête-Dieu à Sospel.
213   »   »
214   »   »

⌁ MARIE (René).

108, rue de la Barrière. Elbeuf (Seine-Infér.),

215 Forêt des Essards.
216 Sous-bois.

⌁ MASON (P. H.). S.L.P.S.

148, Goodrich road, East Dulwich, London.

217 Coucher de soleil. Ch.

⌁ MATHEWS (Edwin) S.L.P.S.

218 Souvenirs. Ch.

⌁ NORRIE (William).

28, Cross Street, Fraserburgh, Ecosse.

219 Travailleurs de la Mer.
220 Paix.
221 Baie de Broadsea.

⌁ PAYNE (C. G.). S.L.P.S.

12, Nutbrook street, East Dulwich, London.

222 Miroir de la Nature. Pl.

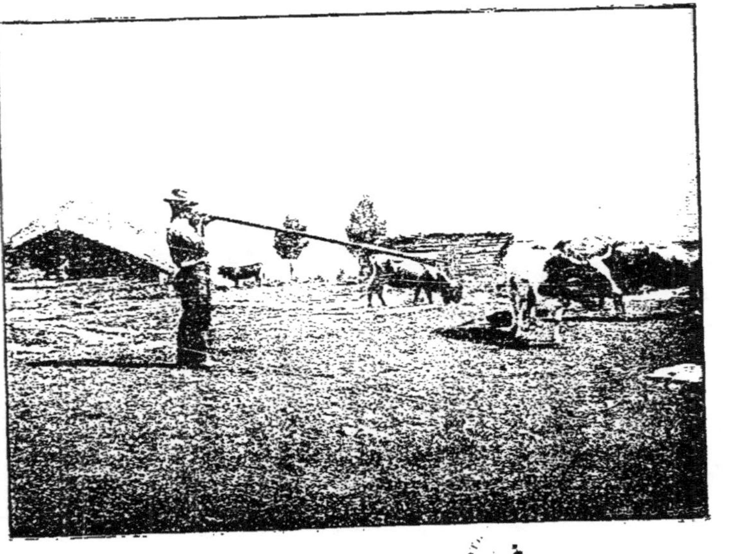

Ch. Le Maire

`\\v` POIRÉ (Léopold).

11, rue des 3 Boulangers. Metz (Lorraine).

223 M. W. dans son atelier.
224   id.   id.
225 Virgile s'inspirant dans les bois.
226 Vues de Strasbourg et Kehl.

`\\v` PUYO (Constant). P. C. P.

14, rue Le Jemptel, Vincennes.

227 Panneau décoratif.
228 Grave affaire.
229 Bonsoir.

`\\v` RAPILLY (Albéric).

30, quai Vendeuvre, Caen.

230 Pierrette, avant. D.
231 Pierrette, après. D.
232 L'astronome.
233 La Serverie près Clécy (Calvados). D.
234 Clécy, le Beuvage   id.
235 Caen, boulevard Leroy   id.
236 Environs de Falaise   id.
237   id.   id.
238 Château de Fontaine-Henry id.
239 Harcourt, la nouvelle route id.

⌇ REITER (Eugène).

5, boulevard des Italiens, Paris.

240 Moutons au bord d'un étang. A.
241 Pêcheurs. A.

⌇ ROCHE MONTEIX (Vicomte de)

39, avenue de la Gare, Nice.

242 Le Portail des Cagots, St-Amandier (Cantal). D.
243 La Salle des Fêtes de la Préfecture des Alpes-
         Maritimes. D.
244 Le Salon du Préfet des Alpes-Maritimes. D.
245 Coin de rade à Villefranche. D.
246 L'escadre à Villefranche. D.

⌇ ROUSSEL (Georges).

14 bis, avenue du Cimetière du Nord, Paris.

247 Le soir. A. Br.
248 Au chantier. A. Br.
249 Brume matinale. A. Br.

⌇ ROUZÉ-STEVERLINCK (Paul) S. P. L.

66, rue d'Artois, Lille (Nord).

250 Mon gros Bédot. A.
251 Paysage. A.

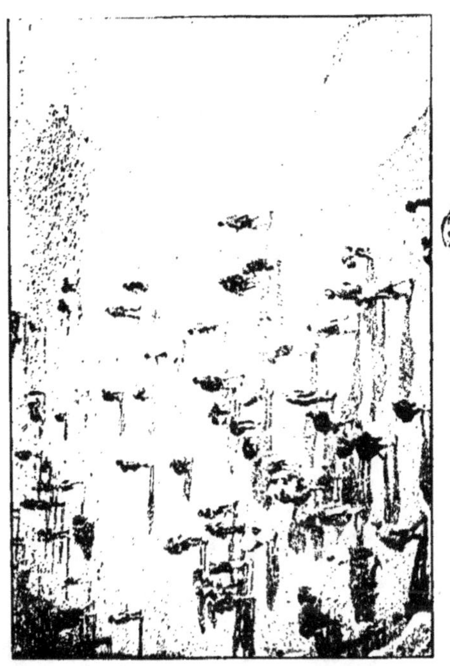
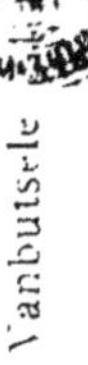

Vanbutsele

⌇ SARDOU (Ernest).

12, avenue Durante, Nice.

252 Régates 98. *La Bona.* A.
253 Régates 98. *Satanita et Bona.*

⌇ SCHWARZ (Constantin).

villa Bracco, 1, rue Spitalieri, Nice.

254 Village de Peillon, pris de Peille (A.-M.). D.
255 Un coin de Peille. D.

⌇ SPEECHLEY (A.-C.) s. l. p. s.

27 Addington square, Camberwell, Londres.

256 Bouleaux argentés.
257 Sur le Communal.

⌇ SLATER (William S.) s. l. p. s.

169, Southampton street Camberwell, Londres.

258 Marée du soir, Pl.
259 Temps froid de Décembre. Pl.

⌇ SQUÉVILLE (Gaston).

69, Holmewood Garden Brixton Hill, Lond.

260 Avant la tempête. A.
261 La Jetée de Brighton. A.
262 Régates d'Henley.

STEVENS (Albert).

Châlet Stevens, Menton.

. 263 Pastorale. A.
264 Berger Mentonnais. A.
265 Chamonix. A.

STONE (J.-C.) c. c. v.

Via Giulia 9. II. Pola, Istrien (Autriche).

266 Portrait. D. Gb.
267   »   »
268   »   »
269 Paysage de mer au clair de lune. D. Gb.
270 Paysage. D. Gb.

TASSIN (Rene).

place Hoche, 8, Versailles (S. et O.)

271 La mare Saint-Nicolas près Versailles. D.

TAUXE (Alphonse).

Villa Esmeralda, avenue des Tilleuls, route
d'Ouchy, Lausanne (Suisse).

272 Portrait de Mlle X···. A.
273 Cécile. D. lum. art.
274 Etude. D. lum. art.
275 Automne. D.
276 Bord du Léman. D.
277 Mignon. A.
278 Portrait. D.
279   »
280   »
281   »

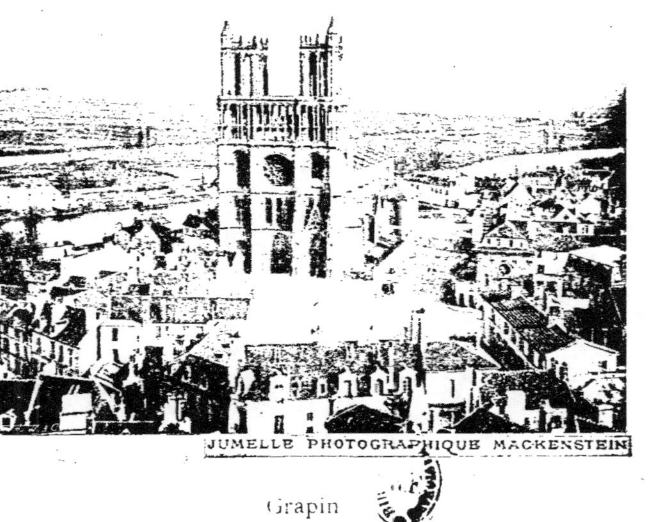

Grapin

TYSZKIEWICZ (Comte B.) P.C.P.
2 bis. rue Boccador, Paris.

282 Scène Empire. Ch. V.

VANBUTSELE (Edmond) S.P.L.
Villa Caprice. 175, rue de France, Nice.

283 Lendemain de tempête, Chercheurs d'épaves.
A. Ch.
28.1 » » » »

WALFORD (G. J. F.) S.L.P.S.
40 Gowlett road Peckam Rye, Londres.

285 Lever du soleil. Pl.

*Les appareils stéréoscopiques exposés dans
les salons de " l'Artistique ont été obligeam-
ment prêtés par la maison Mackenslein, 15,
rue des Carmes, Paris.
Ils sont à vendre.*

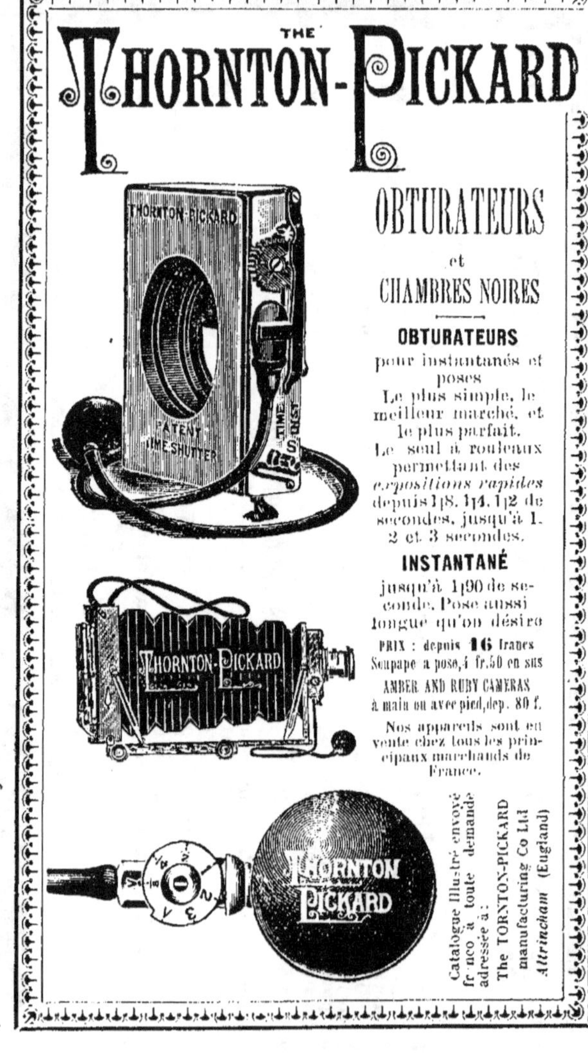

THE
THORNTON-PICKARD
OBTURATEURS
et
CHAMBRES NOIRES
OBTURATEURS
pour instantanés et
poses
Le plus simple, le
meilleur marché, et
le plus parfait.
Le seul à rouleaux
permettant des
expositions rapides
depuis 1|8. 1|4. 1|2 de
secondes, jusqu'à 1.
2 et 3 secondes.
INSTANTANÉ
jusqu'à 1|90 de se-
conde. Pose aussi
longue qu'on désire
PRIX : depuis 16 francs
Soupape à pose, 4 fr.50 en sus
AMBER AND RUBY CAMERAS
à main ou avec pied, dep. 80 f.
Nos appareils sont en
vente chez tous les prin-
cipaux marchands de
France.
Catalogue illustré envoyé
franco à toute demande
adressée à :
The TORNTON-PICKARD
manufacturing Co Ltd
Altrincham (England)
THORNTON-PICKARD
PATENT
TIME-SHUTTER
THORNTON-PICKARD
THORNTON-PICKARD

DES PLAQUES ET PAPIERS PHOTOGRAPHIQUES
A. LUMIÈRE ET SES FILS

Capital: 3 Millions.

Usines à vapeur : cours Gambetta et rue St-Victor. LYON-MONTPLAISIR

Plaques sèches au Gélatino-Bromure d'argent

PRIX (la Douzaine)

6 x 8	6 x 9	61|2x9	61|2x10	8 x 8	8 x 9	8 x 10	8? x 10?	8x151|2	81|2x17
1 fr. 25	1 fr. 25	1 fr. 25	1 fr. 50	1 fr. 75	1 fr. 75	2 fr.	2 fr.	3 fr. 25	3. fr. 60

9 x 12	9 x 18	11 x 15	12 x 13	12x15 1|2	13 x 18	12 x 20	15 x 21	15 x 22	15 x 24
2 fr 75	4 fr.	4 fr.	4 fr. 20	4 fr. 30	4 fr. 50	5 frr	6 fr. 75	7 fr.	10 fr.

21 x 27	24 x 30	27 x 33	30 x 40	35 x 45	40 x 50	45 x 55	50 x 60
14 fr.	18 fr.	22 fr.	32 f.	43 fr.	55 fr.	66 fr.	80 fr.

Pour les plaques spéciales en verre extra-mince, les prix ci-dessus sont majorés de 5o o|o.

Plaques sèches Orthochromatiques au Gélatino-Bromure d'argent

SÉRIE A	SÉRIE B
PLAQUES SENSIBLES AU JAUNE ET AU VERT	PLAQUES SENSIBLES AU JAUNE ET AU ROUGE

Plaques sèches Panchromatiques au Gélatino-Bromure d'argent

Sensibles au jaune, au rouge et au vert

Plaques spéciales pour la Radiographie (Rayons X)

PAPIERS AU CITRATE D'ARGENT

PAPIER MAT ET PAPIER BRILLANT

pour l'obtention d'épreuves positives par noircissement direct.

PAPIERS PELLICULAIRES

Préparés d'après les procédés BALAGNY

PAPIERS PAR DÉVELOPPEMENT

au Gélatino-Bromure d'argent

Marque **A.** - Pour l'obtention des positives au Chassis-Presse

Marque **B.** - Pour Agrandissements

Marque **C.** - A surface brillante

DÉVELOPPATEURS :

DIAMIDOPHÉNOL

SULFITES DE SOUDE

anhydre et cristallisée

PHOSPHATE TRIBASIQUE DE SOUDE

DIAMIDORÉSORCINE

PARAMIDOPHÉNOL

ET LITHINE CAUSTIQUE

— PERSULFATE D'AMMONIAQUE

CINÉMATOGRAPHE

de MM. Auguste et Louis LUMIÈRE

CONDITIONS DE VENTE, DES APPAREILS ET ACCESSOIRES, SUR DEMANDE

TABLE DES MATIÈRES

Planches :

Les clichés typographiques ont étés exécutés par
la Maison DELAYE, HEMMERLÉ & Cⁱᵉ
de Lyon-Montplaisir.

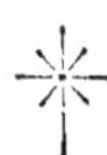

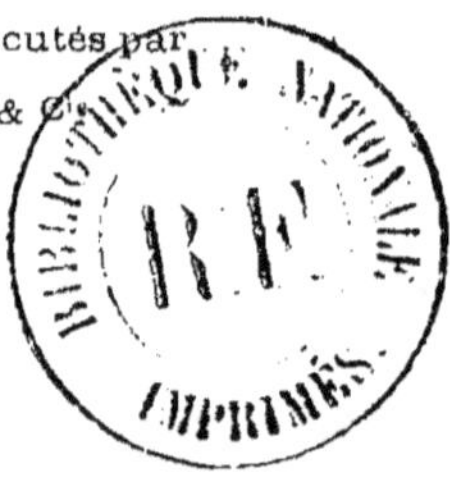